BEI GRIN MACHT SICH IHR WISSEN BEZAHLT

- Wir veröffentlichen Ihre Hausarbeit, Bachelor- und Masterarbeit

- Ihr eigenes eBook und Buch - weltweit in allen wichtigen Shops

- Verdienen Sie an jedem Verkauf

Jetzt bei www.GRIN.com hochladen und kostenlos publizieren

Krafttraining zur Reduktion von Schmerzen und Körperfett. Erstellung eines individuellen Makrozyklus

Josefine Dybza

Bibliografische Information der Deutschen Nationalbibliothek:

Die Deutsche Nationalbibliothek verzeichnet diese Publikation in der Deutschen Nationalbibliografie; detaillierte bibliografische Daten sind im Internet über http://dnb.d-nb.de abrufbar.

ISBN: 9783346375179
Dieses Buch ist auch als E-Book erhältlich.

Druck und Bindung: Books on Demand GmbH, Norderstedt Germany
Gedruckt auf säurefreiem Papier aus verantwortungsvollen Quellen

Das vorliegende Werk wurde sorgfältig erarbeitet. Dennoch übernehmen Autoren und Verlag für die Richtigkeit von Angaben, Hinweisen, Links und Ratschlägen sowie eventuelle Druckfehler keine Haftung.

Das Buch bei GRIN: https://www.grin.com/document/1001540

Deutsche Hochschule für

Prävention und Gesundheitsmanagement

Hermann Neuberger Sportschule 3

66123 Saarbrücken

Einsendeaufgabe

Fachmodul: Trainingslehre I

Studiengang: Bachelor of Arts Sportökonomie

Datum
Präsenzphase: 20.12.2016-23.12.2016

Name, Vorname: Dybza, Josefine

Studienort: **Stuttgart**

Semester: **SS 2016**

Inhaltsverzeichnis

1 Diagnose

Bei der Diagnose wird der aktuelle Gesundheits- bzw. Leistungszustand der Person analysiert, um die weiteren Maßnahmen innerhalb der Trainingsplanung umzusetzen (Graf, 2012, S. 123). Für die Analyse werden allgemeine und biometrischen Daten erhoben sowie sportmotorische Tests durchgeführt. Diese Methoden wurden in der vorliegenden Arbeit an einer realen Person angewandt und werden im folgenden Abschnitt zusammengefasst.

1.1 Allgemeine und biometrische Daten

Die allgemeinen und biometrischen Daten zur Person wurden anhand eines Eingangsgesprächs, einer Bioelektrischen-Impedanz-Analyse (BIA) an einer InBody-Waage und einem digitalen Oberarm-Blutdruckmessgerät (Medisana) bestimmt und können in den kommenden Tabellen entnommen werden.

Tabelle 1: Allgemeine Daten zur Person

Alter	27 Jahre
Geschlecht	Weiblich
Körpergröße	160 cm
Körpergewicht	53,9 kg
Trainingsmotive	Erhaltung bzw. Verbesserung der körperlichen Leistungsfähigkeit, äußeres Erscheinungsbild
Berufliche Tätigkeit	Duale Studentin Sportökonomie
	Tätigkeiten: Telefonische Kundenberatung, Marketing- und Eventplanung (80% sitzende Tätigkeit)
	Umfang: 5 Tage Woche, 8 Stunden pro Tag
Zeitlicher Verfügungsrahmen	3x pro Woche, maximal 60 Minuten pro Einheit
Frühere sportliche Aktivitäten	Funktionsgymnastisches Training (1-2x pro Woche) ohne systematische Trainingsplanung bis zum 25. Lebensjahr
Aktuelle sportliche Aktivitäten	Seit 2 Jahren Fitnesstraining (2-3x pro Woche) mit folgenden Inhalten: 45-60 Minuten Krafttraining (generell Kraftausdauer), 45-60 Minuten Intervalltraining auf dem Laufband
Leistungsstufe nach ILB (siehe Abbildung 4)	Fortgeschritten (Trainingsalter >12 Monate)

Tabelle 2: Biometrische Daten zur Person

Blutdruck	130/65 mmHg
Muskelmasse	36,4 %
Körperfettanteil	23,8 %

Der Blutdruck (siehe Tabelle 3) sowie der Körperfettanteil (siehe Tabelle 4) liegen im Normbereich.

Tabelle [i]3: Klassifizierung der Blutdruck-Werte in mmHg (Mancia, et al., 2007, S. 1109)

	Systolisch	Diastolisch
Optimal	<120	<80
Normal	120-129	80-84
Hochnormal	130-139	85-89
Hypertonie Grad 1	140-159	90-99
Hypertonie Grad 2	160-179	10-109
Hypertonie Grad 3	>= 180	>= 110
Isolierte systolische Hypertonie	>= 140	<90

Tabelle 4: Normwerte für Körperfettanteil in Prozent für Frauen (Dr. Müller-Gesser, 2016)

Alter	niedrig	normal	hoch	sehr hoch
20-39	< 21,0%	21,0-32,9%	33,0-38,9%	>=39,0%
40-59	<23,0%	23,0-33,9%	34,0-39,9%	>=40,0%
60-79	<24,0%	24,0-35,9%	36,0-41,9%	>=42,0%

Bezüglich der Muskelmasse sind in der wissenschaftlichen Literatur keine klassifizierten Normwerte vordefiniert. Nach Tomasits und Haber (2016, S. 208) wird angenommen, dass die Muskelmasse bei Frauen um die 35% des Körpergewichts beträgt. Aufgrund dieser Annahme weist die Person einen durchschnittlichen Muskelanteil auf.

Zusätzlich zum Eingangsgespräch hat die Person eine Untersuchung bei einem Sportarzt durchgeführt. Dabei wurden keine gesundheitlichen Einschränkungen festgestellt. Lediglich klagt die Person über subjektive und unspezifische Rückenschmerzen auf einer Borg-Skala (eigene Einschätzung der Belastung) im Bereich 9-12 (Borg, 2004, S. A1016). Die Referenzwerte sind in der folgenden Abbildung einzusehen.

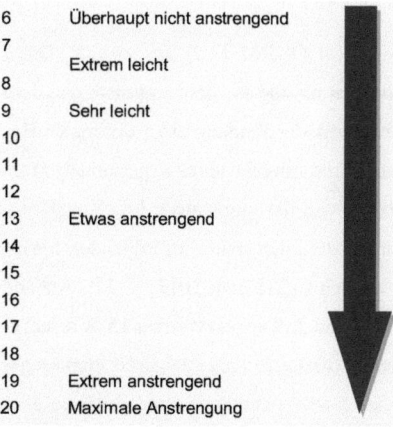

6	Überhaupt nicht anstrengend
7	
	Extrem leicht
8	
9	Sehr leicht
10	
11	
12	
13	Etwas anstrengend
14	
15	
16	
17	
18	
19	Extrem anstrengend
20	Maximale Anstrengung

Abbildung 1: Die Borg-RPE-Skala zur Schätzung des Anstrengungsempfindens

Anhand der Einschätzung nach der Borg Skala ist der Schmerzgrad der Person sehr leicht bis leicht zu bewerten. In der nachstehenden Tabelle werden die weiteren allgemeinen Daten zum Gesundheitszustand der Probandin aufgezeigt.

Tabelle 5: Allgemeiner Gesundheitszustand der Person

Orthopädische Probleme	Subjektive und unspezifische Rückenschmerzen auf einer Borg-Skala im Bereich 9-12
Internistische Probleme	Keine Probleme
Ärztliche Behandlungen	Weder in chronischer noch akuter ärztlicher Behandlung
Medikamenteneinnahme	Nimmt dauerhaft keine Medikamente ein
Sonstige gesundheitliche Einschränkungen	Keine Einschränkungen

In der Gesamtheit der erhobenen Daten ist die Person im Hinblick auf die Trainingsplanung als vollständig belastbar zu bewerten. Jedoch sollten die subjektiven und unspezifischen Rückenschmerzen bei der Planung berücksichtigt werden.

1.2 Krafttestung

Im Rahmen der Diagnose werden neben den allgemeinen und biometrischen Daten auch motorische Tests durchgeführt. Dabei werden die Ausdauer, die Kraft, die Beweglichkeit, die Schnelligkeit und die Koordination der Person getestet und bewertet. Innerhalb der vorliegenden Arbeit wird ausschließlich auf die Testung der Kraft eingegangen.

1.2.1 Auswahl des Testverfahrens

Zur Krafttestung wurde der Mehrwiederholungstest (X-RM-Test) ausgewählt. Diese Methode eignet sich nicht nur für Anfänger, sondern für alle aus dem Fitness – und dem Gesundheitssportbereich, weil sie auf die Problematik der Findung einer optimalen Belastungsintensität mit einem effektiven Testverfahren eingeht, dem sogenannten ILB-Test (individuelle-Leistungsbild-Methode). Dabei wird die momentane Leistungsfähigkeit mit genau der Wiederholungszahl getestet mit der auch später im folgenden Mesozyklus ausgehend vom Trainingsziel trainiert werden soll (Eifler, 2013, S. 72). Anhand des spezifischen Trainingsziels - Kraftausdauer (siehe 2. Kapitel) werden 15 Wiederholungen durchgeführt (Eifler, 2013, S. 74). Obwohl die Person als Fortgeschritten eingestuft ist, wird auf eine Krafttestung mithilfe des 1-RM-Tests verzichtet, da diese über leichte Rückenschmerzen klagt und der Test ein erhöhtes orthopädisches Verletzungsrisiko aufweist (Haupert, 2007, S. 69).

1.2.2 Detaillierter Testablauf

Die erste Krafttestung erfolgt unter der Woche um 18:00 Uhr. Hierbei ist darauf zu achten, dass die Re-Tests nach jedem Mesozyklus unter gleichen Rahmenbedingungen stattfinden sollten, um Abweichungen zu vermeiden. Der Testablauf beginnt mit einem allgemeinen Aufwärmen auf dem Laufband (10 Min.) bei niedriger bis mittlerer Intensität (Herzfrequenz bei ca. 160 Schlägen pro Minute abzüglich Lebensalter), um sich geistig und körperlich optimal auf die nachfolgende Belastung vorzubereiten. Hierbei erhöht sich die Kernkörpertemperatur, was eine Beschleunigung der Stoffwechselvorgänge sowie eine Zunahme der Durchblutung zur Folge hat, was wiederum die Muskulatur besser mit Sauerstoff und Nährstoffen versorgt und die Nervenleitgeschwindigkeit erhöht. Auf das allgemeine Aufwärmen folgt nun das spezielle Aufwärmen pro Testgerät, welches die einzelnen zu beanspruchenden Muskelgruppen und Gelenke spezifisch aufwärmt und aktiviert. Hierbei sollte mit niedrigen Belastungen gearbeitet werden, um die vorzeitige Ermüdung der Muskulatur zu vermeiden. Es wurden jeweils 2 Aufwärmsätze pro Testgerät mit 10 Wiederholungen mit individuellen Belastungsintensitäten mit 50% der im ersten Testsatz aufgelegten Gewichtslast durchgeführt. Die Pausen zwischen den Testsätzen betrugen 60 Sekunden. Sowohl die Übungsauswahl aus auch die Übungsreihenfolge erfolgten im Hinblick auf die Trainingsplanung des ersten Mesozyklus. Anschließend wurde der eigentliche Krafttest durchgeführt, in dem das maximal mögliche Gewicht für die entsprechend festgelegte Wiederholungsanzahl ermittelt wurde. Es wurden bis zu 3 Sätze mit jeweils 15 Wiederholungen getestet, wobei das Einstiegsgewicht individuell vom Trainer abgeschätzt wurde. Der Test war erfolgreich, wenn die Probandin mit einem bestimmten Gewicht die zuvor festgelegte Wiederholungszahl von 15 mit maximalem Krafteinsatz, korrekter Technik und dem vorgegebenen Bewegungstempo 2-0-2 TUT (Zeit unter Spannung) bewältigen konnte. Die Pausen zwischen den Sätzen betrugen 2 Minuten. Abschließend erfolgte ein 5 minutiges Abwärmprogramm in Form von einem lockeren Auslaufen auf dem Laufband, um die Regenerationsphase einzuleiten.

1.2.3 Testergebnisse

Die Ergebnisse des Krafttests werden in der nachstehenden Tabelle dargestellt.

Tabelle 6: Testendergebnisse des X-RM.Tests nach der ILB-Methode

Testübung	1. Testsatz	WH	2. Testsatz	WH	3. Testsatz	WH	Ergebnis	WH
Beinpresse	65 kg	20	75 kg	15	85 kg	10	75 kg	15
Latzug vertikal	16 kg	23	25 kg	18	32 kg	15	32 kg	15
Rückenstrecker	12 kg	21	17 kg	17	21 kg	15	21 kg	15
Brustpresse	15 kg	19	25 kg	15	-	-	25 kg	15
Bauchmaschine	12 kg	18	15 kg	15	-	-	15 kg	15
Seilzug Lateral	6 kg	17	8 kg	15	-	-	8 kg	15
Trizeps am Seilzug	5 kg	18	8 kg	16	10 kg	15	10 kg	15
Bizeps am Seilzug	8 kg	16	10 kg	15	-	-	10 kg	15

1.2.4 Bewertung der Ergebnisse

Aus den Testergebnissen können nun konkrete Schlussfolgerungen und Konsequenzen für die weitere Trainingssteuerung und Trainingsplanung gezogen werden. Eine Möglichkeit des Norm- bzw. Referenzvergleichs ist hier nicht möglich, da die sportliche Leistungsfähigkeit individuell von zahlreichen internen und externen Faktoren abhängt. Beispielhafte Einflussgrößen können Motivation, genetische Voraussetzungen, Ernährung und soziale Bedingungen sein. Jedoch gibt es innerhalb der Trainingssteuerung die Möglichkeit der Dokumentation der individuellen Leistungsentwicklung. Hierbei wird vor jedem Mesozyklus ein erneute Krafttestung (Re-Test) durchgeführt. Diese Re-Tests finden unter den gleichen Rahmenbedingungen wie die erste Testung statt, um den Fortschritt der Leistungsfähigkeit bewerten zu können. Nach jeder Testung und vor jedem Mesozyklus werden dann die Intensitäten entsprechend dem Trainingsniveau nach dem ILB Grobraster (siehe Tabelle 7) der Person angepasst.

Aus den erhobenen Daten des Tests und dem Trainingsalter können nun die Trainingsintensitäten für den ersten Mesozyklus ermittelt werden. Da die Krafttestung mit der gleichen Wiederholungsanzahl absolviert wurde, mit der im ersten Mesozyklus trainiert werden soll, lassen sich exakte Intensitäten mithilfe des Grobrasters zur Trainingsplanung nach der ILB-Methode ableiten, welche in unten stehender Tabelle (Tabelle 7) dargestellt werden. Die Probandin wird dem Grobraster entsprechend ihrer Zeitstufe bzw. dem Trainingsalter (>12 Monate) als Fortgeschritten eingestuft, worauf sich die Trainingsplanung in der Organisationsform an einem Ganzkörpertraining/Split orientiert. Empfohlen werden 3-4 Einheiten pro Woche mit 1-3 Übungen Pro Muskelgruppe und einer Intensität von 70-90% X-RM. Es werden 2-3 Sätze pro Übung durchgeführt.

Tabelle 7: Grobraster zur Trainingsplanung nach der ILB-Methode **(Strack & Eifler, 2005, S. 153)**

Leistungs-stufe	Zeitstufe (Monate)	Orga. form	Häufigkeit/ Woche	Übungen/ Muskelgruppe	Sätze/ Übung	Intensität (%X-RM*)
Orientierungs-stufe	0-1,5	GK	2	1-2	1-2	gering
Beginner	1,5-6	GK	2	1-2	1-2	50-70
Geübte	6-12	GK	2-3	1-2	2	60-80
Fortgeschrittene	>12	GK/Split	3-4	1-3	2-3	70-90
Leistungstrai-nierende	>36	GK/Split	3-6	1-4	2-4	80-100

GK= Ganzkörpertraining; Split=Splittraining

* Wiederholungsanzahl variiert je nach Trainingsziel

2 Zielsetzung/Prognose

Auf Basis der Diagnosedaten der Probandin wurden drei relevante Ziele, welche sich auf unterschiedliche biometrische oder sportmotorische Parameter beziehen, festgelegt. Folgende Tabelle veranschaulicht die Zieldarstellung unter Berücksichtigung der zentralen Kriterien Inhalt, Ausmaß und Zeit.

Tabelle 8: Ableitung von Zielen

Inhalt	Ist-Wert	Norm-Wert	Ausmaß	Zeit
Linderung der Rückenschmerzen (auf Borg-Skala)	9-12 /Borg-Skala	6 /Borg-Skala	-3 /Borg-Skala	6 Monate
Reduktion des Körperfettanteils in %	23,8 %	21-32,9 %	-2,0 %	6 Monate
Aufbau der Muskelmasse in %	36,4 %	35 %	+5,1 %	6 Monate

Das erste Ziel ist die Linderung der Rückenschmerzen von 9-12 Borg-Skala (leichte Schmerzen) auf 6 Borg-Skala (schmerzfrei) innerhalb von 6 Monaten (ausgehend vom niedrigeren Wert der Schmerzempfindung). Das Bestreben liegt darin, die Schmerzen, welche auf die überwiegend sitzende Tätigkeit und den einhergehenden Abbau der Rückenmuskulatur zurückzuführen sind, durch den gezielten Aufbau der Rumpfmuskulatur zu beheben. Ein weiteres Ziel ist die Reduktion des Körperfettanteils von 23,8% um auf 21,8% in 6 Monaten, welches aus dem allgemeinen Trainingsmotiv des äußeren Erscheinungsbildes abgeleitet wird. Hierbei beschränkt sich die Reduktion auf 2%, da wir den angegebenen Normwert im Sinne des gesundheitsorientierten Trainings nicht unterschreiten. Die letzte Zielsetzung besteht darin, die Muskelmasse von 36,4% um 5,1% in 6 Monaten zu erhöhen. Das Leitbild ist die gewünschte Erhaltung bzw. Verbesserung der körperlichen Leistungsfähigkeit durch ein Ganzkörpertraining mit dem Schwerpunkt Muskelaufbau. Die restlichen erhobenen biometrischen Daten wie das Körpergewicht und der Blutdruck liegen bereits im Normalbereich, weswegen eine zusätzliche Optimierung nicht erforderlich ist.

3 Trainingsplanung Makrozyklus

Auf Basis der definierten Ziele, erfolgt im nächsten Abschnitt eine langfristige Trainingsplanung (Makrozyklusplanung). Diese Planung ist für mindestens 6 Monate angesetzt und besteht aus vier Mesozyklen.

3.1 Darstellung Makrozyklus

Die folgende Tabelle stellt die Makrozyklusplanung mit dem übergeordneten Ziel des Muskelaufbaus (Hypertrophie) dar. Im Anschluss werden ausgewählte Inhalte genauer erklärt. Dabei wird auf die übergeordnete Trainingsmethode, die Belastungsparameter, die Organisationsform(en) sowie die verwendete Periodisierung eingegangen.

Tabelle 9: Makrozyklus mit einer linearen Periodisierung für einen fortgeschrittenen Sportler mit dem Schwerpunkt auf dem Ziel Muskelaufbau

	Mesozyklus 1	Mesozyklus 2	Mesozyklus 3	Mesozyklus 4
Mesozyklusdauer	6 Wochen	8 Wochen	6 Wochen	6 Wochen
Spezifisches Trainingsziel	Kraftausdauer	Muskelaufbau	Muskelaufbau	Maximalkraft
Organisationsform	Ganzkörper	Ganzkörper/Split	Ganzkörper	Ganzkörper/Split
Einheiten/Woche	2-3	2-3	2-3	2-3
Übungen/Muskel	2-3	2-3	2-3	2-3
Sätze/Übung	2-3	2-3	2-3	2-3
Intensität in % ILB	70-75%	75-80%	80-85%	85-90%
Wiederholungen	15-20	12-15	8-12	6-8
Satzpausen	60 Sek.	60 Sek.	60 Sek.	90 Sek.
Bewegungstempo in Sek. (TUT)	2-0-2 TUT	2-0-2 TUT	2-0-2 TUT	1-0-1 TUT

3.2 Trainingsmethode

Die vorliegende Makrozyklusdarstellung verwendet die ILB-Methode als übergeordnete Trainingsmethode, da sich diese für alle Trainings- bzw. Leistungsstufen eignet (Strack & Eifler, 2005, S.160). Besonders im Hinblick auf die Linderung der Rückenschmerzen der Probandin wird eine progressive Anpassung aller Belastungs- und Trainingsparameter mit zunehmender Leistungsfähigkeit ermöglicht (Eifler 2013, S.73). Des Weiteren wird in Bezug auf das übergeordnete Ziel des Muskelaufbaus durch ein über mehrere Wochen bis Monate ausgeübtes Krafttraining die Kraftfähigkeit aufgrund neuromuskulären Adaptionen verbessert und bewirkt darüber hinaus morphologische Veränderungen des Skelettmuskels, die für die weitere Zunahme der Muskelkraft verantwortlich sind (Güllich & Schmidtbleicher, 1999, S. 233).

3.3 Belastungsparameter

Die Belastungsparameter Einheiten pro Woche, Übungen pro Muskelgruppe, Sätze pro Übung und die Intensität lassen sich nun anhand des Grobrasters der ILB-Methode und der Leistungsstufe (Fortgeschritten) für die jeweiligen Mesozyklen ableiten (siehe Tabelle 7). Die Einheiten pro Woche werden entsprechend dem zeitlichen Verfügungsrahmen (3x pro Woche) auf 2-3 Einheiten angepasst. Im Hinblick auf das Erreichen der Trainingsziele werden nach Fröhlich und Schmidtbleicher (2008, S. 6-8) drei Trainingseinheiten pro Woche als effizient bewertet. Im Sinne des Ganzkörpertrainings bzw. 2er-Split-Trainings werden 2-3 Übungen pro Muskelgruppe festgelegt. Die Begründung liegt im zeitlichen Verfügungsrahmen der Person (max. 60 Min. pro Einheit) und im Vorteil die Zielmuskeln aus verschiedenen Ansatzwinkeln heraus belasten zu können (Gießing, 2012, S. 25). Das Training der ausgewählten Muskelpartien erfolgt in 2-3 Sätzen und orientiert sich am Mehrsatztraining. Hierbei werden submaximale Krafteinsätze bei langsamer Bewegungsausführung bis zur lokalen Muskelermüdung durchgeführt, um das übergeordnete Ziel der Muskelhypertrophie zu erreichen (Hottenrott & Neumann, 2016, S. 172). Die Bewegungsgeschwindigkeit bei einer Wiederholung wird auf 2-0-2 TUT (Zeit unter Spannung) vorgegeben. Dieser Spannungsreiz ist relevant für den Anpassungseffekt des Muskels. Dabei wird die Trainingsintensität in 70-90% zum ILB-Test angegeben und stellt somit mindestens 50% der individuellen Maximalkraft dar, welche nennenswerte Effekte im Sinne einer Hypertrophie erzielt (Güllich & Schmidtbleicher, 1999, S.223). Da die Probandin bereits Erfahrung im Sport hat, lösen diese innerhalb des Makrozyklus prozentual ansteigenden überschwellig gesetzten Reize die gewünschten morphologischen Anpassungseffekte aus.

3.4 Organisationsform(en)

Als Organisationsformen wurde ein Ganzkörpertraining sowie ein Ganzkörpertraining in Kombination mit einem 2er-Split-Training in Mesozyklus 2 und 4 gewählt. Da neben den leichten Rückenschmerzen keine weiteren gesundheitlichen Einschränkungen bestehen, können in einem Ganzkörpertraining alle großen Muskelgruppen in dem angegebenen zeitlichen Rahmen von 60 Min. trainiert werden. Auch wenn im Hinblick auf dem Trainingsstatus (Fortgeschritten, kein Leistungssportler) keine bedingte Notwendigkeit eines Split-Trainings erscheint, macht es jedoch aus motivationstechnischen Gründen durchaus Sinn, eine zusätzliche Unterteilung vorzunehmen, um eine Monotonie vorzubeugen. Zusätzlich können beim aufgeteilten Training, in diesem Fall bei einem 2er-Split, verschiedene Muskelgruppen an zwei unterschiedlichen Tagen verteilt trainiert werden (Toigo, 2015, S. 196).

3.5 Periodisierung

Durch die Periodisierung der einzelnen Mesozyklen sollen einerseits bessere Erholungen zwischen den einzelnen Belastungsreizen erzielt, Leistungsstagnationen in Form von Anpassungsplateaus vermieden und andererseits langfristig größere Kraftzuwächse generiert sowie Übertrainingszustände vermieden werden. Hierbei wurde der betrachtete Makrozyklus von insgesamt 26 Wochen auf jeweils 4 Mesozyklen mit einer Dauer von 6-8 Wochen (je nach Betrachtung des Mesozyklus) unterteilt, wobei die lineare Periodisierung gewählt wurde. Dabei erhöhen sich die Intensitäten von Mesozyklus zu Mesozyklus progressiv, während die Anzahlen der Wiederholungen regressiv reduziert werden. Somit werden alle Intensitätsbereiche des Krafttrainings (Kraftausdauer, Hypertrophie und Maximalkraft) durchlaufen. Somit werden die anvisierten Anpassungseffekte optimiert und zielgerichtet aufgebaut (Fröhlich, Müller, Schmidtbleicher, & Emrich, 2009, S. 308).

4 Trainingsplanung Mesozyklus

Anschließend erfolgt die Planung der Mesozyklen, die aus mehreren Mikrozyklen bestehen. Ein Mesozyklus besteht je nach Trainingsziel im Fitness- und Gesundheitssport sechs bis acht Wochen (Kralle, 2011, S. 11).

4.1 Darstellung Mesozyklus

Die folgende Darstellung betrachtet den 3. Mesozyklus für die fortgeschrittene Probandin mit dem Schwerpunkt auf dem spezifischen Ziel des Muskelaufbaus.

Tabelle 10: Mesozyklus für einen fortgeschrittenen Sportler mit dem Schwerpunkt auf dem spezifischen Ziel des Muskelaufbaus

Zyklusdauer: **6 Wochen**

Spezifisches Trainingsziel: **Muskelaufbau**

Trainingseinheiten / Woche: **2-3**

Organisationsform: **Ganzkörpertraining**

Übungen/Muskelgruppe: **2-3**

Übungen	Sätze / Übung	Satzpause in Sek.	Wiederholungs-zahl	Intensität in % nach ILB	Bewegungstempo in Sek. (TUT)
Beinpresse	2-3	60	8-12	80-85%	2-0-2
Latzug Vertikal	2-3	60	8-12	80-85%	2-0-2
Rücken-strecker mit Kurzhantel	2-3	60	8-12	80-85%	2-0-2
Brustpresse stehend	2-3	60	8-12	80-85%	2-0-2
TRX Crunch	2-3	60	8-12	80-85%	2-0-2
TRX Crunch seitlich	2-3	60	8-12	80-85%	2-0-2
Trizepsdrücken am Seil-zug	2-3	60	8-12	80-85%	2-0-2
Bizeps am Seilzug	2-3	60	8-12	80-85%	2-0-2

4.2 Begründung der Übungsauswahl

Im Mesozyklus 3 orientiert sich das übergeordnete Konzept der Übungsauswahl an der Organisationsform (Ganzkörpertraining), am spezifischen Trainingsziel (Muskelaufbau) und dem entsprechenden Leistungsniveau. Es wird davon ausgegangen, dass die gewünschten morphologischen Anpassungen in den vorangegangenen Mesozyklen stattgefunden haben. Der Schwerpunkt bei dem betrachteten Mesozyklus liegt zu gleichen Teilen auf Maschinen-Freihantel- sowie auf funktionsgymnastischen Übungen. Dadurch schaffen die variierenden Trainingsmuster neue Trainingsreize und eine Monotonie im Training wird verhindert (Schnabel, Harre, & Krug, 2011, S. 239). Des Weiteren wird bei den Übungen besonders auf die vollständige Bewegungsamplitude (Full range of motion) der Rumpfmuskulatur gelegt. Hierbei wurden insgesamt drei Kräftigungsübungen für die Extensoren (Rückenstrecker), Flexoren (TRX-Crunch) sowie Rotatoren der Wirbelsäule (TRX-Crunch seitlich) gewählt, um eine multidirektionale Kraftzunahme zu erzielen (Weineck, 2004, S. 294). Zudem werden sowohl eingelenkige Übungen für die intramuskuläre Koordination als auch mehrgelenkige Übungen für die Aktivierung der funktionellen Muskelketten (intermuskuläre Koordination) durchgeführt

(Greitemann, 2005, S. 11). Nachstehend werden die einzelnen Übungen des betrachteten Mesozyklus erklärt. Hierbei wird besonders auf die beanspruchte Muskulatur und den individuellen Nutzen der ausgewählten Übung eingegangen.

4.2.1 Beinpressen

Beim Beinpressen wird die Oberschenkelmuskulatur trainiert. Dabei werden m. quadriceps femoris, m. biceps femoris und m. gluteus beansprucht. Der Vorteil einer Beinpresse-Maschine besteht darin, dass diese auch bei hoher Gewichtslast sicherer zu handhaben ist als z.B. eine Langhantel beim Kniebeugen. Diese Übung eignet sich deshalb hervorragend für Fitness- und Breitensportler. Sie gilt als besonders effektiv, da nur mit einer Übung der Großteil des Unterkörpers trainiert werden kann.

4.2.2 Latzug vertikal

Der Latzug vertikal zum Nacken ist eine Übung zur Stärkung der gesamten Rückenmuskulatur. Primär wird hier m. latissimus dorsi, m. trapezius, m. rhomoideus minor et major und m. teres minor trainiert. Der Vorzug dieser Übung ist, dass das Gewicht im Gegensatz zum Klimmzug mit dem eigenen Körpergewicht, beliebig einstellbar ist und sich daher hervorragend für die Rumpfstabilisierung der Freizeitsportlerin eignet.

4.2.3 Rückenstrecker mit Kurzhantel

Bei dem Rückenstrecker auf der 45-Grad–Schrägbank wird primär der untere Rücken trainiert. Zielmuskeln sind m. erector spinae, m. gluteus maximus und m. biceps femoris. Durch die Ausführung auf der Schrägbank und der Möglichkeit einer feinen Gewichtsabstufung mithilfe der Kurzhantel wird gleichzeitig die Koordination und die Beweglichkeit der bereits geübten Probandin verbessert.

4.2.4 Brustpresse stehend

Bei der Übung Brustpresse stehend wird im Zuge der Rumpfstabilisierung der Gegenspieler zur Rückenmuskulatur trainiert. Zielmuskel ist der m. pectoralis major. Vorteil für die fortgeschritten Trainierende ist, dass durch die stehende Ausführung zusätzlich die allgemeine Koordination und die intermuskuläre Stimulation gefördert wird.

4.2.5 TRX Crunch

Diese anspruchsvolle funktionsgymnastische Übung ist vielseitig, denn sie trainiert durch das Training mit freischwingenden Seilen vorrangig alle Bauchmuskeln (m. obliquus externus, m. rectus abdominis, m. serratus anterior), gleichzeitig werden durch das Ausbalancieren der Schlingen alle anderen Muskeln des Körpers mittrainiert.

4.2.6 TRX Crunch seitlich

Diese Übung trainiert analog zum TRX Crunch zusätzlich die schräge Bauchmuskulatur (m. obliquus abdominis). So können parallel zum TRX Crunch im Besonderen der Rumpf gekräftigt, die muskuläre Koordination und die Balance verbessert werden.

4.2.7 Trizepsdrücken am Seilzug

Mithilfe dieser eingelenkigen Übung wird die Armmuskulatur (m. triceps brachii und m. anconaeus) trainiert. Durch die stehende Ausführung am Seilzug wird hier zusätzlich zur intermuskulären auch die intramuskuläre Koordination durch die Isolation der Muskelgruppe verbessert. Diese Isolierung setzt zusammen mit der nachstehenden Übung einen zusätzlichen Trainingsreiz innerhalb des höheren Leistungsniveaus des Trainingsplans.

4.2.8 Bizeps am Seilzug

Der Nutzen und die Wirkungsweise dieser Übung sind vergleichbar mit dem Punkt 4.2.7. Der Unterschied liegt lediglich in der primär beteiligten Muskulatur (m. biceps brachii und m. brachialis).

5 Literaturrecherche zum Thema: Effekte des Krafttrainings bei Rückenbeschwerden

Tabelle 11: Veränderungen des Schmerzerlebens durch Muskeltraining bei Rückenschmerzpatienten (Kessler, Neef, Grupp, Kollmannsberger, & Traue, 1993, S. 379-382)

Studie 1	
Durchführung der Studie durch	Universität Ulm (Abteilung für medizinische Psychologie), Sport- und Gesundheitspark Ulm, Orthopädische Klinik im Rehabilitationskrankenhaus Ulm
Jahr der Publikation	1993
Versuchspersonen	Die Probanden waren prächronische Rückenschmerz-Patienten. Die Dauer ihrer Beschwerden lag zwischen zwei und sechs Monaten. Die Patienten waren durchschnittlich 37,4 Jahre alt. Der bzw. die Jüngste war 24 und das höchste vertretene Alter war 47
Versuchsaufbau	Die Probanden wurden nach dem Zufallsprinzip einer Trainingsmethode (Muskelaufbautraining oder Entspannungstraining) zugewiesen. Die Muskelaufbautrainingsgruppe trainierte 2x pro Woche an 10 verschiedenen Nautilus Geräten. Die Schmerzintensität und die Schmerzhäufigkeit wurde von den Patienten in einem Tagebuch vor, während und nach der Studie festgehalten
Ergebnisse und Schlussfolgerungen	Bei der Krafttrainingsgruppe konnte eine erhebliche Abnahme der Schmerzen festgestellt werden. Vergleichbare Ergebnisse konnten bei der Entspannungstrainingsgruppe nicht verzeichnet werden. Nach Absetzen des Trainings wurde eine Zunahme der Schmerzen festgestellt. Schlussfolgernd kann demnach nur ein dauerhaftes und regelmäßiges Krafttraining die Schmerzen lindern.

Tabelle 12: Krafttraining bei chronischen lumbalen Rückenschmerzen. Ergebnisse einer Längsschnittstudie (Goebel, Stephan, & Freiwald, 2005, S. 388-392)

Studie 2	
Durchführung der Studie durch	Forschungsabteilung Kieser Training (FAKT) Köln, Bergische Universität Wuppertal
Jahr der Publikation	2005
Versuchspersonen	69 Probanden nahmen an der medizinischen Kräftigungstherapie teil, davon führten 33 Probanden zeitgleich eine Krankengymnastik aus. Voraussetzend für die Teilnahme waren mind 6 Monate Rückenschmerzen und mehr als zwei akute Lumbalgien in den letzten zwei Jahren. Ausgeschlossen waren Personen mit sensorischen oder motorischen Ausfällen oder mit Indikationen zu einem Bandscheibenvorfall sowie Personen mit einem laufenden Rentenantrag
Versuchsaufbau	Die Probanden wurden in insgesamt 6 Praxen zur medizinischen Kräftigungstherapie behandelt. Die Beobachtung der physiotherapeutischen Behandlungen erstreckte sich über einen Zeitraum von 13,2 Monaten, die Beobachtung der medizinischen Trainingstherapie erstreckte sich über 16,8 Monate, wobei durchschnittlich 12 Therapieeinheiten pro Proband durchgeführt wurden. Anschließend beantworteten die Personen einen Fragebogen mit folgenden Inhalten: Subjektive Gesundheit, Funktionskapazität des Rückens, Einschätzung des Rückenschmerzes, Einschätzung der Arbeitsfähigkeit und Angaben zu Krankheitskosten
Ergebnisse und Schlussfolgerungen	Den Ergebnissen zufolge fühlte sich im Punkt subjektive Gesundheit die medizinische Trainingstherapie-Gruppe um 20% gesundheitlich viel besser, 33% etwas besser, 37% etwa gleich und 9% schlechter. In der Krankengymnastik-Gruppe fühlten sich 55% etwa gleich, 21% besser und 24% schlechter. Bezüglich der Rückenschmerzen traten in beiden Gruppen die Schmerzen weniger häufig und intensiv auf. Zuletzt wurde im Hinblick auf die Arbeitsfähigkeit bei der medizinischen Trainingsgruppe eine Verbesserung der Funktionskapazität verzeichnet, wobei bei der Krankengymnastik-Gruppe kaum eine Veränderung beobachtet wurde. Schlussfolgernd ist die Linderung der Rückenschmerzen durch ein gezieltes Krafttraining der Wirbelsäulenmuskulatur im Vergleich zu einer Krankengymnastik effektiver.

6 Literaturverzeichnis

Borg, G. (9.. April 2004). Anstrengungsempfinden und körperliche Aktivität. *Deutsches Ärzteblatt*, S. A1016-1021.

Boulé , N., Kenny, G., Haddad, E., Wells, G., & Sigal , R. (August 2003). Effects of aerobic training, resistance training, or both on glycemic control in type 2 diabetes: a randomized trial. *Diabetologia*(46), S. 1071 - 1081.

Dr. Müller-Gesser, R. (06. Mai 2016). *Apotheken Umschau*. Abgerufen am 30. Dezember 2016 von http://www.apotheken-umschau.de/Abnehmen/Wie-viel-Koerperfett-ist-normal-344529.html

Eifler, C. (2013). *Empirische Überprüfung der Effekte verschiedener Ansätze zur Intensitätssteuerung im fitnessorientierten Krafttraining.* Saarbrücken: Universität des Saarlandes.

Fröhlich, M., & Schmidtbleicher, D. (2008). Trainingshäufigkeit im Krafttraining-ein metaanalytischer Zugang. *Deutsche Zeitschrift für Sportmedizin, 59*(2), S. 4-12.

Fröhlich, M., Müller, T., Schmidtbleicher, D., & Emrich, E. (2009). Deutsche Zeitschrift für Sportmedizin. *Outcome-Effekte verschiedener Periodisierungsmodelle im Krafttraining, 60*(10), S. 307-314.

Gießing, J. (2012). *HIT-Fitness:HochIntensitätsTraining- Maximaler Muskelaufbau in kürzester Zeit* (4. Ausg.). München: Riva Verlag.

Goebel, S., Stephan, A., & Freiwald, J. (2005). Krafttraining bei chronischen lumbalen Rückenschmerzen. Ergebnisse einer Längsschnittstudie. *Deutsche Zeitschrift für Sportmedizin, 56*(9), S. 388-392.

Graf, C. (2012). *Lehrbuch Sportmedizin: Basiswissen, präventive, therapeutische und besondere Aspekte* (2. Ausg.). Köln: Deutscher Ärzte-Verlag.

Greitemann, S. (2005). *Rehabilitation in Orthopädie und Unfallchirurgie: Methoden - Therapiestrategien - Behandlungsempfehlungen* (2. Ausg.). Heidelberg: Springer Verlag.

Güllich, A., & Schmidtbleicher, D. (1999). Struktur der Kraftfähigkeiten und ihrer Trainingsmethoden. *Deutsche Zeitschrift für Sportmedizin, 50*(7/8), S. 223-234.

Hottenrott, K., & Neumann, G. (2016). *Trainingswissenschaft: Ein Lehrbuch in 14 Lektionen* (3. Ausg., Bd. 7). Aachen: Meyer & Meyer Verlag.

Kessler, M., Neef, P., Grupp, B., Kollmannsberger, A., & Traue, H. (1993). Veränderungen des Schmerzerlebens durch Muskeltraining bei Rückenschmerzpatienten. *Deustche Zeitschrift für Sportmedizin, 44*(9), S. S.379-392.

Kralle, J. (2011). *Fitnesstraining zur Figurstraffung: ILB-gesteuertes Fitnesstraining* (2. Ausg.). Norderstedt: Books on Demand.

Mancia, G., de Backer, G., Dominiczak, A., Cifkova, R., Fagard, R., Germano, G., et al. (2007). 2007 Guidelines for the Management of Arterial Hypertension. *Journal of Hypertension, 25*(6), S. 1105-1187.

Schnabel, G., Harre, H.-D., & Krug, J. (2011). *Trainingslehre - Trainingswissenschaft: Leistung - Training - Wettkampf* (2. Ausg.). Aachen: Meyer & Meyer Verlag.

Strack, A., & Eifler, C. (2005). The individual lifting performance method(ILP). A practical method for fitness- and recreational strenght training. In J. Gießing, M. Fröhlich, & P. Preuss, *Current results of strength training research* (S. 153-163). Göttingen: Cuvillier.

Toigo, M. (2015). *MuskelRevolution: Konzepte und Rezepte zum muskel- und Kraftaufbau.* Heidelberg: Springer Verlag.

Tomasits, J., & Haber, P. (2016). *Leistungsphysiologie: Lehrbuch für Sport- und Physiotherapeuten und Trainer.* Heidelberg: Springer-Verlag.

Weineck, J. (2004). *Sportbiologie* (9. Ausg.). Balingen: Spitta Verlag.

7 Abbildungs- und Tabellenverzeichnis

7.1 Abbildungsverzeichnis

7.2 Tabellenverzeichnis